Fundamentos para una transición ecológica en el sistema productivo y de consumo. CTRT0004

Antonio Caro Sánchez-Lafuente

Fundamentos para una transición ecológica en el sistema productivo y de consumo. CTRT0004
© Antonio Caro Sánchez-Lafuente

1ª Edición

© IC Editorial, 2025

Editado por: IC Editorial
c/ Cueva de Viera, 2, Local 3
Centro Negocios CADI
29200 Antequera (Málaga)
Teléfono: 952 70 60 04
Fax: 952 84 55 03
Correo electrónico: iceditorial@iceditorial.com
Internet: www.iceditorial.com

ISBN: 978-84-1184-540-3
Depósito Legal: MA 36-2025

Impresión: PODiPrint
Impreso en Andalucía – España

Nota de la editorial: IC Editorial pertenece a Innovación y Cualificación S. L.

Especialidad formativa

Se entiende por especialidad formativa la agrupación de contenidos, competencias profesionales y especificaciones técnicas que responde a un conjunto de actividades de trabajo enmarcadas en una fase del proceso de producción y con funciones afines.

Las especialidades formativas de Uso General, Formación Complementaria, Formación Modular y las especialidades formativas dirigidas a la obtención de certificados de profesionalidad se incluyen en el Fichero de Especialidades del Servicio Público de Empleo Estatal para su gestión en todo el territorio nacional por cualquier Administración competente.

Las especialidades complementarias, pertenecen todas a la Familia profesional de Formación Complementaria (FCO) y tienen la consideración de formación transversal en áreas que se consideran prioritarias tanto en el marco de la Estrategia Europea para el Empleo y del Sistema Nacional de Empleo como en las directrices establecidas por la Unión Europea. Se consideran áreas prioritarias las relativas a tecnologías de la información y la comunicación, la prevención de riesgos laborales, la sensibilización en medio ambiente, la promoción de la igualdad, la orientación profesional y aquellas otras que se establezcan por la Administración competente.

Las especialidades de Certificado de profesionalidad tienen una duración especificada en su normativa reguladora.

En el resultado de la búsqueda, se muestran las unidades de competencia, todos los módulos formativos con su duración y las unidades formativas del certificado correspondiente, con su duración. Las horas del certificado, exclusivo de las especialidades de certificado de profesionalidad, con alta igual o superior a 2008, son las horas totales más las horas del módulo de Prácticas Profesionales no Laborales.

➲ **Si la especialidad tiene unidades formativas,** las horas totales, presencial, distancia, teleformación serán igual a la suma de esas horas de las unidades formativas de los distintos módulos, sin que se repita ninguna Unidad formativa.

⊃ **Si la especialidad no tiene unidades formativas,** las horas totales, presencial, distancia, teleformación serán igual a las sumas de esas horas de los módulos formativos, eliminando las horas de los módulos repetidos.

https://sede.sepe.gob.es/especialidadesformativas/RXBuscadorEFRED/BusquedaEspecialidades.do

(Fuente: Servicio Público de Empleo Estatal)

Índice

OBJETIVOS GENERALES

Los objetivos generales de **CTRT0004. Fundamentos para una transición ecológica en el sistema productivo y de consumo,** son los siguientes:

- Identificar los principios de la economía circular que fundamentan el cambio de modelo productivo y el proceso de transición ecológica que afectan al puesto de trabajo, así como las buenas prácticas de producción y consumo sostenibles que se derivan.
- Diferenciar los conceptos de sostenibilidad social, económica y ambiental, así como los denominados "límites planetarios" identificados bajo nueve procesos biofísicos globales.
- Exponer la necesidad de implantación de una economía circular, su planificación y gestión.
- Presentar las tendencias e impacto de la actividad profesional frente a la transición ecológica.

Definición del marco conceptual con relación al desarrollo sostenible

Contenido

1. Introducción
2. Conceptualización básica:
   sostenibilidad social, económica
   y ambiental
3. Introducción a los límites
   planetarios
4. Resumen

Objetivos

El objetivo general de esta Unidad
de Aprendizaje es:

→ Diferenciar los conceptos
  de sostenibilidad social,
  económica y ambiental, así
  como los denominados "límites
  planetarios" identificados bajo
  nueve procesos biofísicos
  globales.

Los objetivos específicos de esta
Unidad de Aprendizaje son:

→ Describir los conceptos
  asociados a la sostenibilidad.

→ Dominar los límites planetarios.

→ Enunciar el Convenio de Viena y
  el Protocolo de Montreal.

1. Introducción

La transición ecológica es un proceso fundamental y necesario para la sostenibilidad de nuestro planeta. En un mundo cada vez más industrializado y globalizado, el sistema productivo y de consumo ha tenido impactos profundos y negativos sobre el medio ambiente. Las crisis ambientales, el cambio climático, la disminución de los recursos naturales y la proliferación de desechos son solo algunos de los problemas a los que decenas de países se enfrentan hoy en día. Por lo tanto, la transición hacia modelos más sostenibles y ecológicos en la producción y el consumo es imperativa.

Es necesario establecer un marco conceptual sólido para entender el desarrollo sostenible y la importancia de este concepto dentro de la transición ecológica. Nos enfocaremos en tres pilares fundamentales de la sostenibilidad: la social, la económica y la ambiental. Además, introduciremos el concepto de límites planetarios, una idea esencial para comprender las fronteras dentro de las cuales la humanidad puede operar de manera segura.

El conocimiento teórico y aplicado que se verterá en esta unidad de aprendizaje constituirá la base para las siguientes unidades, donde se abordarán diversos conocimientos técnicos, herramientas prácticas y estrategias de implementación para lograr esta transición. Entender primero qué significa sostenibilidad y cuáles son los límites planetarios es crucial para equiparnos con la perspectiva y el conocimiento necesario para formular e implementar políticas y prácticas que contribuyan al desarrollo sostenible.

Este recorrido no solo es necesario para mitigar los efectos del cambio climático y proteger nuestros ecosistemas, sino que también es esencial para asegurar una vida digna y próspera para las generaciones venideras. Principios que conocen en la asociación BECAR, asociación no gubernamental destinada a la gestión medioambiental y en la que nos apoyaremos para dar una mayor practicidad a este contenido.

2. Conceptualización básica: sostenibilidad social, económica y ambiental

☞ HILO CONDUCTOR

Como ponente de la asociación BECAR, hoy comienzas tu exposición dando a conocer la importancia que tiene el comercio justo en la gestión ambiental, ya que dicho principio, además de fomentar un uso eficiente y prudente de los recursos, incentiva la innovación verde y la creación de empleos, propiciando una distribución equitativa de la riqueza y la reducción de la pobreza.

- -

La sostenibilidad es un concepto amplio y multifacético que busca equilibrar las necesidades humanas con las capacidades del planeta para soportarlas. Se centra en asegurar que las generaciones presentes puedan satisfacer sus necesidades sin comprometer la capacidad de las futuras generaciones para satisfacer las suyas.

Para desglosar este concepto y entenderlo plenamente, es necesario presentar los tres pilares principales en los que se desarrolla, que son:

- **Sostenibilidad social.** La sostenibilidad social se refiere a la promoción de valores y prácticas que aseguren un bienestar mejorado y equitativo para todas las personas, tanto en el presente como en el futuro. Este pilar aborda temas como la justicia social, la igualdad de oportunidades, la participación ciudadana y el respeto a los derechos humanos. Una sociedad sostenible es aquella en la que se promueve la inclusión social y se eliminan las barreras que desigualmente afectan a ciertos grupos. Esto conlleva la creación de políticas inclusivas, estableciendo sistemas educativos accesibles y de calidad, promoviendo la salud pública y garantizando condiciones de trabajo justas.
- **Sostenibilidad económica.** La sostenibilidad económica involucra el uso eficiente y prudente de los recursos para crear sistemas económicos que sean viables a largo plazo. Este pilar se centra en patrones de producción y consumo que sean económicamente beneficiosos sin explotar innecesariamente los recursos naturales. Una economía sostenible promueve un comercio justo, incentiva la innovación verde y fomenta la creación de empleo en sectores que no perjudican al medio ambiente. Además, se preocupa por la distribución equitativa de la riqueza y la reducción de la pobreza, asegurando así que los beneficios económicos lleguen a todos los sectores de la sociedad.

Sostenibilidad ambiental. La sostenibilidad ambiental hace referencia a la capacidad del medio ambiente para mantener la vida y los ecosistemas. Este pilar busca proteger y restaurar los hábitats naturales, reducir la contaminación y conservar los recursos naturales. La gestión adecuada de estos recursos es vital para mantener la biodiversidad y los servicios ecosistémicos, que son los procesos naturales que benefician a los seres humanos, como la purificación del agua, la polinización de cultivos y la regulación del clima. Una estrategia de sostenibilidad ambiental implica la adopción de energías renovables, la minimización de residuos y la implementación de prácticas agrícolas sostenibles, entre otras medidas.

El estudio de estos tres conceptos permite entender que la sostenibilidad no puede ser alcanzada a través de un solo ámbito, que requiere un enfoque integral y multifacético que tenga en cuenta las interacciones entre los tres pilares. Estas dimensiones están inseparablemente vinculadas, con lo que el fallo en una de ellas puede provocar un efecto dominó en las demás.

👁 EJEMPLO

Una economía que no es sostenible puede generar mucha riqueza a corto plazo, pero provocar un daño ambiental irreversible.

- -

Una sociedad que descuida la inclusión social probablemente se enfrentará a mayores conflictos y desigualdades, lo que a su vez puede debilitar la estabilidad económica.

3. Introducción a los límites planetarios

☞ **HILO CONDUCTOR**

La pérdida de semillas y especies vegetales es uno de los problemas a los que se tiene que hacer frente desde la asociación BECAR, ya que esto propicia la desaparición de especies y ecosistemas, lo que resulta una pérdida irreparable.

Los límites planetarios son un concepto desarrollado por un grupo de científicos, liderado por Johan Rockström, que sugieren que hay fronteras dentro de las cuales la humanidad puede operar de manera segura. Identifican nueve procesos biofísicos globales que deben ser gestionados para evitar el cambio ambiental abrupto y catastrófico. Estos límites no son fijos ni completamente rígidos, pero actuar fuera de ellos aumenta significativamente los riesgos de desestabilizar el sistema terrestre.

A continuación, se presentan cada uno de estos nueve procesos biofísicos:

- **Cambio climático.** Es uno de los límites planetarios más críticos y se mide en términos del incremento en las concentraciones de gases de efecto invernadero, como el dióxido de carbono. Superar este límite puede resultar en cambios climáticos severos, lo que a su vez afecta patrones meteorológicos, nivela los océanos e impacta negativamente en la biodiversidad.
- **Pérdida de biodiversidad.** La biodiversidad es esencial para la estabilidad de los ecosistemas; sin ella los sistemas naturales pueden colapsar. La pérdida de biodiversidad se refiere a la reducción en la variedad de genes, especies y ecosistemas. Pasar este límite puede llevar a la extinción masiva y a la pérdida irreparable de servicios ecosistémicos.
- **Ciclos biogeoquímicos (nitrógeno y fósforo).** Los ciclos de nitrógeno y fósforo son cruciales para la fertilidad del suelo y la salud de los ecosistemas acuáticos. El uso excesivo de fertilizantes en la agricultura ha alterado estos ciclos, lo que ha provocado problemas como la eutrofización, que perjudica la vida acuática y la calidad del agua.
- **Uso del suelo.** El cambio en el uso del suelo, como la deforestación para la agricultura, afecta profundamente la biodiversidad y los ciclos del agua y el carbono. La disponibilidad de suelo fértil es limitada y su uso conocido debe ser gestionado prudentemente para evitar su agotamiento y degradación.
- **Uso del agua dulce.** La disponibilidad de agua dulce es esencial para la vida. Sin embargo, la sobreexplotación de fuentes de agua subterráneas

y superficiales está reduciendo la cantidad de agua disponible para las necesidades de los ecosistemas y la agricultura.

⮞ **Parámetros químicos atmosféricos.** La composición química de la atmósfera no solo afecta el cambio climático, sino también la calidad del aire que respiramos. La polución atmosférica, principalmente debido al uso de combustibles fósiles y actividades industriales, puede tener graves consecuencias para la salud humana.

⮞ **Acidificación de los océanos.** El aumento en la concentración de dióxido de carbono no solo causa el calentamiento global, sino que también lleva a la acidificación de los océanos. Esto tiene efectos devastadores en los corales y otros organismos marinos, lo que altera significativamente los ecosistemas marítimos.

⮞ **Capa de ozono.** La capa de ozono protege a la Tierra de los nocivos rayos ultravioleta del sol. El uso de sustancias como los clorofluorocarbonos (CFC) ha reducido la densidad de esta capa y ha aumentado el riesgo de problemas de salud relacionados con la exposición a la radiación UV.

⮞ **Carga de aerosoles.** Los aerosoles son partículas suspendidas en la atmósfera que pueden tener efectos tanto de enfriamiento como de calentamiento en el clima. La alta carga de aerosoles, principalmente debido a la quema de combustibles fósiles, puede afectar la salud humana y alterar los patrones climáticos.

Los límites planetarios no operan de manera aislada, a menudo están interconectados y los impactos en uno pueden tener efectos en otros. Por lo tanto, es crucial abordarlos colectivamente para lograr un desarrollo sostenible. Con una sensibilidad incrementada hacia estos límites, podemos elaborar mejores políticas y prácticas para preservar el equilibrio planetario y favorecer la sostenibilidad a largo plazo.

El cambio climático puede agravar la pérdida de biodiversidad y viceversa.

IMPORTANTE

El cambio climático no solo impacta sobre los patrones meteorológicos, sino también sobre la pérdida de biodiversidad, lo que impactará en los ecosistemas y los servicios que proporcionan, como la polinización de cultivos y la purificación del agua.

 ACTIVIDAD COMPLEMENTARIA

1. Los efectos que la contaminación tiene sobre la capa de ozono son controlados, entre otros protocolos, por el denominado Protocolo de Montreal y el Convenido de Viena.

   Sabiendo que en los últimos años estos procesos han permitido reducir el impacto sobre este elemento la incidencia que hasta el momento existía y, por tanto, han permitido minimizar el impacto de los nocivos rayos ultravioletas del sol y reducir los riesgos de problemas de salud relacionados con la exposición a la radiación UV.

   Lleva a cabo una búsqueda sobre este convenio y protocolo para hacer una relación de algunos datos y decisiones más significativas y/o relevantes.

 TAREA 1

Ana asiste a un simposio en el que se examina y discute sobre los denominados límites planetarios.

El ponente indica la importancia de relacionar cada uno de esos límites, poniendo como reto que sean los asistentes los que lo hagan con dos de ellos, en concreto los que tienen que ver con el uso del suelo y el uso del agua dulce.

Como asistente, explica en qué se fundamenta cada uno de estos elementos y relaciónalos. Justifica tu respuesta.

4. Resumen

En esta unidad de aprendizaje hemos establecido un marco conceptual para entender el desarrollo sostenible y su relación con la transición ecológica en el sistema productivo y de consumo.

El concepto de sostenibilidad se desglosa en tres pilares fundamentales:

Sostenibilidad social	Sostenibilidad económica	Sostenibilidad ambiental

Cada uno de estos juega un papel crucial. Están interconectados, lo que hace que el equilibrio entre ellos sea esencial para lograr una verdadera sostenibilidad.

También hemos introducido el concepto de límites planetarios, un marco esencial para entender las fronteras dentro de las cuales la humanidad puede operar de manera segura. Los nueve límites planetarios identificados son procesos biofísicos que deben ser gestionados para evitar cambios ambientales abruptos y potencialmente catastróficos. Estos límites están conectados entre sí, o sea, que el impacto en uno de ellos desencadena el efecto dominó en los demás. Por esta razón es crucial abordarlos de manera colectiva y holística. Estos límites planetarios son:

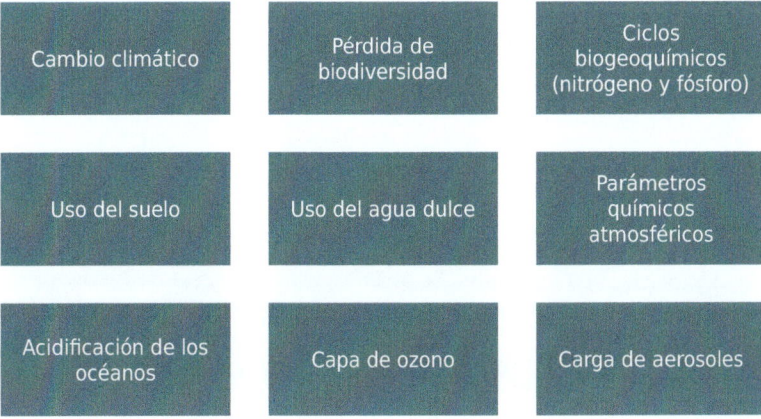

Cambio climático	Pérdida de biodiversidad	Ciclos biogeoquímicos (nitrógeno y fósforo)
Uso del suelo	Uso del agua dulce	Parámetros químicos atmosféricos
Acidificación de los océanos	Capa de ozono	Carga de aerosoles

Ejercicios de autoevaluación
Unidad de Aprendizaje 1

1. La sostenibilidad social...

    a. ... se refiere a la promoción de valores y prácticas que aseguren un bienestar mejorado y equitativo para todas las personas, tanto en el presente como en el futuro.

    b. ... aborda temas asociados a la justicia social, la igualdad de oportunidades, etc.

    c. ... promueve la inclusión social y trata de eliminar barreras entre ciertos grupos.

    d. Todas las opciones son correctas.

2. La creación de políticas inclusivas y la promoción de salud pública expone la importancia del desarrollo de medidas...

    a. ... sociales.

    b. ... económicas.

    c. ... ambientales.

    d. Todas las opciones son correctas.

3. Indica cuáles de los siguientes principios propician la sostenibilidad económica como pilar fundamental para el uso eficiente y producente de los recursos.

    a. Crear patrones de producción y consumo que sean económicamente beneficiosos sin explotar innecesariamente los recursos naturales.

    b. Promover un comercio justo e incentivar la innovación verde.

    c. Tomar medidas que aseguren que los beneficios económicos lleguen a todos los sectores de la sociedad.

    d. Todas las opciones son correctas.

4. El cambio climático se mide en términos de...

    a. ... incremento en las concentraciones de gases de efecto invernadero.

    b. ... incremento de la biodiversidad de los ecosistemas.

    c. ... poder adquisitivo de los países implicados en el Convenio de Viena.

    d. Todas las opciones son incorrectas.

5. Los denominados ciclos biogeoquímicos son cruciales para:

    a. El control del uso del agua dulce.

    b. El control atmosférico, lo que afecta directamente a patrones meteorológicos.

    c. La fertilidad del suelo y la salud de los ecosistemas acuáticos.

    d. El nivel de agua dulce de los pantanos.

Exposición de la necesidad de un cambio en el modelo productivo y de consumo

Contenido

Objetivos

El objetivo general de esta Unidad de Aprendizaje es:

→ Exponer la necesidad de implantación de una economía circular.

Los objetivos específicos de esta Unidad de Aprendizaje son:

→ Contrastar cada uno de los principios de la economía circular.

→ Explicar las estrategias que seguir para conseguir un cambio en el modelo productivo y de consumo.

→ Diferenciar las bases de los distintos planes y estrategias para la transición ecológica en el sistema productivo y de consumo.

1. Introducción

En un mundo donde la sostenibilidad y la preservación del medio ambiente se han convertido en prioridades ineludibles, la necesidad de transformar nuestro sistema productivo y de consumo es más apremiante que nunca. Es necesario abordar un análisis profundo y sistemático de por qué y cómo debemos dar ese crucial paso hacia modelos más sostenibles.

Pasar de una economía lineal a una economía circular y otros paradigmas requiere de una visión global sobre las diferentes propuestas y teorías económicas que se presentan como alternativas a la insostenibilidad del modelo económico lineal, no buscando solo reducir el impacto ambiental, sino también fomentar un desarrollo económico equitativo y sostenible.

Los principios básicos que guían la economía circular y las estrategias que pueden ser implementadas en diversas organizaciones y sectores tienen como pilar elementos tales como el diseño regenerativo, la reutilización de materiales, y la importancia de la innovación y la colaboración en la cadena de valor.

Análisis de las políticas públicas y normativas que están siendo implementadas en diferentes niveles de gobierno proporcionan un marco de referencia para entender cómo se están impulsando y regulando las iniciativas de transición hacia modelos más sostenibles a través de políticas, incentivos y regulaciones, elementos todos ellos descritos a través de los casos gestionados por la asociación BECAR, por lo que nos seguiremos apoyando en ella para de forma ficticia hacer más práctico este contenido.

2. Descripción del paso de una economía lineal a una economía circular y otros paradigmas: economía del dónut y economía regenerativa

 HILO CONDUCTOR

La asociación BECAR indica como elemento que combatir la denominada "obsolescencia programada". Para ello, plantea el estudio y la trazabilidad de cada uno de los componentes de productos fundamentalmente tecnológicos, teniendo como principal fin minimizar la cantidad de residuos, concretamente de base tecnológica.

La economía mundial ha estado tradicionalmente basada en un modelo lineal de producción y consumo caracterizado por la secuencia "tomar, hacer, desechar". Este enfoque ha dado lugar a una extracción de recursos sin precedentes y a una generación masiva de residuos, lo cual ha contribuido a la degradación ambiental, el cambio climático y la pérdida de biodiversidad. La necesidad de cambiar este paradigma es inminente. En este contexto, surge la economía circular como una alternativa prometedora, dentro de la cual se reflejan otras propuestas como la denominada "economía del dónut" y la economía regenerativa.

 **NOTA**

Reducir y reutilizar antes que reciclar.

2.1. Economía circular

La economía circular se basa en la idea de diseñar productos y sistemas que mantengan los materiales en uso el mayor tiempo posible, disminuyendo así la necesidad de extracción de nuevos recursos y reduciendo la cantidad de residuos generados. Los principios de la economía circular incluyen:

- **Diseño para la durabilidad, reparación y reciclaje.** Crear productos que tengan una vida útil prolongada y que puedan ser fácilmente reparados, actualizados y reciclados al final de su ciclo de vida.
- **Mantenimiento del valor de los productos, componentes y materiales.** Tratar de mantenerlos dentro del ciclo económico durante el mayor tiempo posible.
- **Energías renovables.** Utilizar fuentes de energía renovable en la producción para reducir la huella de carbono.
- **Innovación en modelos de negocio.** Adoptar nuevas formas de funcionamiento, como la servitización (vender servicios en lugar de productos), las economías compartidas y las cadenas de suministro locales.

Otros paradigmas o propuestas bajo la economía circular

Además de apostar por un correcto diseño del producto, que aporte valor, durabilidad, así como un bajo impacto ambiental en su fabricación o elaboración, mediante la implantación de modelos innovadores de negocio y uso de energías renovables, es importante contemplar algunas propuestas singulares con nombre propio, como son:

- **Economía del dónut.** La economía del dónut, propuesta por la economista Kate Raworth, ofrece un marco para modelos económicos sostenibles que tienen en cuenta tanto las necesidades humanas como los límites ecológicos del planeta. Este paradigma se representa visualmente como un dónut o rosquilla con dos círculos concéntricos:

  - El **círculo interior** representa el "suelo social", que está compuesto por dimensiones humanas fundamentales (vivienda, educación, salud, etc.), debajo de las cuales no deberíamos caer.
  - El **círculo exterior** simboliza el "techo ecológico", que establece los límites ambientales que no deben ser superados, para evitar daños irreversibles al planeta.

- **Economía regenerativa.** La economía regenerativa va más allá de minimizar el impacto negativo y tiene como objetivo restaurar y renovar los sistemas naturales.
  Este enfoque se basa en los siguientes principios:

  - **Integración sistémica.** Consiste en reconocer que la economía es parte de un sistema más amplio y que debe funcionar en armonía con la biosfera.
  - **Restauración y regeneración.** Indica como necesario no solo minimizar los daños, sino también revertir la degradación ambiental a través de prácticas que restauren ecosistemas.
  - **Valoración de los roles ecológicos.** Se basa en incluir en los procesos económicos los roles que los ecosistemas desempeñan, como la regulación del clima, la polinización y el ciclo del agua.
  - **Nuevas métricas de progreso.** Plantea adoptar indicadores de desarrollo que se centren en la salud ecológica y el bienestar humano, en lugar del mero crecimiento económico.

IMPORTANTE

La economía del dónut busca un equilibrio dinámico donde la humanidad viva dentro de estos dos límites. Promueve tanto el bienestar social como la sostenibilidad ambiental.

3. Cimientos y estrategias de la economía circular

☞ HILO CONDUCTOR

El lanzamiento de un nuevo producto para la higiene personal ha contado con el asesoramiento de la asociación BECAR, que persigue implantar una metodología de trabajo eficaz, así como el desarrollo de envases de menor impacto que permitan un reciclado completo. Además, su diseño es sostenible, prioriza durante su fabricación minimizar el gasto energético y la generación de residuos.

Implementar una economía circular requiere de una reestructuración profunda y un cambio de mentalidad, tanto en las empresas como en los consumidores.

El citado cambio y reestructuración se consigue mediante la transición a nuevos modelos. Los cimientos y estrategias relacionados con ellos son los presentados a continuación:

- **Diseño de productos y servicios.** El diseño es uno de los elementos más importantes en la economía circular y, por tanto, su desarrollo debe hacer frente a los siguientes principios:

  - **Diseño modular.** Crear productos que puedan ser fácilmente desmontados para repararlos o actualizarlos.
  - **Materiales reciclables y no tóxicos.** Priorizar el uso de materiales que puedan ser reciclados completamente y que no dañen el medio ambiente.
  - **Ecodiseño.** Incorporar principios de sostenibilidad en el proceso de diseño, buscando mejorar la eficiencia energética y minimizar los residuos.

- **Modelos de negocio circulares.** Las empresas deben adoptar nuevos modelos de negocio que faciliten la economía circular, siendo necesario implantar o instaurar los siguientes principios:

  - **Economía de la funcionalidad.** En lugar de vender productos, vender servicios. Por ejemplo, arrendamiento de equipos industriales en lugar de venta.

- **Economía de compartición.** Fomentar la compartición de recursos entre múltiples usuarios, como el alquiler de vehículos o las plataformas de alquiler de viviendas.
- **Cadenas de suministro circulares.** Redefinir las cadenas de suministro para incorporar la devolución y el reciclaje de productos usados.

➲ **Tecnología e innovación.** La tecnología y la innovación son catalizadores esenciales para la economía circular. Las empresas pueden utilizar:

- **Estrategias de seguimiento de cadena de bloques** *(blockchain)* **y trazabilidad.** Esto permite garantizar la transparencia y la trazabilidad de los productos en toda la cadena de valor.
- **IoT y *big data.*** Utilizan datos en tiempo real para optimizar procesos de producción y mantenimiento predictivo.
- **Tecnología de reciclaje avanzada.** Consiste en implementar tecnologías que permitan recuperar materiales con mayor eficiencia y calidad.

➲ **Colaboración y alianzas.** La transición hacia una economía circular requiere de un esfuerzo conjunto de múltiples actores, incluyendo Gobiernos, empresas y consumidores. Estas alianzas pueden formar parte de:

- **Clusters y *hubs* circulares.** Se trata de crear centros de innovación donde empresas de diferentes sectores trabajen juntas en soluciones circulares.
- **Asociaciones público-privadas.** Son colaboraciones dirigidas por políticas y financiamiento del sector público para proyectos de economía circular.
- **Educación y formación.** Desarrollar programas de educación que fomenten habilidades y conocimientos en economía circular en todos los niveles educativos y profesionales.

 PARA SABER MÁS

Toda acción debe perseguir minimizar el impacto ambiental, de ahí la importancia de adquirir equipos, útiles o maquinaria energéticamente eficientes.

Puedes consultar el diseño y código de colores indicado a nivel europeo para el etiquetado energético, ecodiseño y ecoetiqueta accediendo desde aquí:

Continúa en página siguiente >>

<< Viene de página anterior

https://redirectoronline.com/ctrt00040201

 **APLICACIÓN PRÁCTICA**

Para marcar la nueva estrategia en el desarrollo y diseño de un nuevo envase destinado a la conservación de alimentos, decides hacer un *brainstorming,* en el que los participantes tienen las siguientes iniciativas.

¿Cuál de los siguientes principios deben ser seguidos para el desarrollo del nuevo envase en torno a fomentar la economía circular?

- **Envase muy económico de un solo uso no reciclable**
- **Envase que maximiza el tiempo de conservación a temperatura ambiente**
- **Envase totalmente reciclable y reutilizable**
- **Envase realizado a partir de energías renovables**
- **Envase apilable (facilita su transporte y reduce la huella de carbono)**

Solución

Como pilares se debe apostar por el uso de materiales reutilizables y reciclables. Además, su producción debe contemplar como insumo energías renovables, así como indicar un diseño que permita la mayor eficacia según la huella de carbono. Por tanto de los principios propuestos, estos serían los correctos:

- Envase que maximiza el tiempo de conservación a temperatura ambiente.
- Envase totalmente reciclable y reutilizable.
- Envase realizado a partir de energías renovables.
- Envase apilable (facilita su transporte y reduce la huella de carbono).

----

4. Marcos de planificación y gestión estratégica en el ámbito europeo, estatal y autonómico

☞ HILO CONDUCTOR

Durante el simposio llevado a cabo por la asociación BECAR, el ponente pone algunos ejemplos según las estrategias que la Unión Europea plantea. Un ejemplo es el Plan de Acción para la Economía Circular. Su exposición se va a centrar en la exposición del denominado *European Green Deal*, dada la importancia que tiene la economía en el foro donde se encuadra este simposio.

Para que la transición hacia una economía más circular sea efectiva, son esenciales políticas y marcos regulatorios robustos a diferentes niveles; no solo a nivel europeo, sino también dando importancia a los ámbitos nacionales y regionales, dadas las especificidades asociadas a algunos de los elementos que regular.

A continuación, se desarrolla de forma específica cada uno de estos niveles. El primero y más importante es el desarrollado para su aplicación a nivel europeo, que facilitará las pautas y bases para el desarrollo de los siguientes, tanto a nivel estatal como autonómico:

⮁ **Nivel europeo.** La Unión Europea ha estado a la vanguardia en la promoción de la economía circular, con iniciativas clave como las siguientes:

- ⟳ **Plan de Acción para la Economía Circular.** Adoptado en 2015 y actualizado en 2020, este marco estratégico establece las prioridades y acciones para una transición hacia la economía circular en Europa. Incluye medidas para promover el diseño sostenible, reducir los desechos y fomentar la innovación.
- ⟳ **Paquete de Economía Circular.** Conjunto de directivas y políticas destinadas a aumentar el reciclaje y la reutilización en todos los Estados miembros. Estas políticas propugnan una reducción significativa en la cantidad de residuos enviados a vertedero y fomentan la producción y consumo sostenibles.
- ⟳ *European Green Deal.* Es un ambicioso plan para hacer que el clima europeo sea neutro para 2050. La economía circular es un componente esencial de este pacto, con una serie de inversiones y regulaciones previstas para apoyar la transición.

- **Nivel estatal.** Diferentes países han desarrollado sus propios marcos estratégicos para apoyar la transición hacia la economía circular. Algunos ejemplos notables son los siguientes:

  - **Estrategia Española de Economía Circular (EEEC).** Llamada "España Circular 2030", esta estrategia establece los objetivos y las acciones que emprender en el país para obtener una economía circular para 2030. Entre sus prioridades se encuentran la mejora de la gestión de residuos, la promoción del ecodiseño y la innovación sostenible.
  - **Ley de Residuos y Suelos Contaminados.** Esta ley actualiza la normativa para adaptarla a los principios de economía circular, incluyendo objetivos de reciclaje y reducción de residuos para distintos sectores.
  - **Incentivos y subvenciones.** Varios países ofrecen incentivos fiscales y subvenciones para proyectos de economía circular, incluyendo la financiación para investigación y desarrollo.

- **Nivel autonómico.** Las regiones y comunidades dentro de un Estado también juegan un papel crucial en la implementación de políticas de economía circular. Las estrategias pueden variar según las características y necesidades específicas de cada región. Algunos enfoques comunes incluyen:

  - **Planes regionales de economía circular.** Muchas regiones desarrollan planes específicos que establecen acciones a nivel local. Por ejemplo, Cataluña tiene su propio pacto por una economía circular, que incluye iniciativas para fomentar el reciclaje, la reutilización y la producción sostenible.
  - **Programas de educación y sensibilización.** Las Administraciones regionales pueden implementar programas para concienciar a la ciudadanía sobre la importancia de una economía circular y fomentar el desarrollo de habilidades necesarias para empleos verdes.
  - **Proyectos piloto y demostrativos.** Promoción de proyectos específicos que sirvan como modelo que seguir en diferentes sectores, incentivando la adopción de tecnologías y las prácticas circulares en la industria local.

 **PARA SABER MÁS**

Puedes consultar en profundidad la estrategia "España Circular 2030" accediendo desde aquí:

https://redirectoronline.com/ctrt00040202

También puedes consultar la ley de residuos y suelos contaminados en el siguiente enlace:

https://redirectoronline.com/ctrt00040203

 TAREA 2

Para justificar las decisiones tomadas frente al desarrollo del nuevo diseño del envase que desarrollar junto con la asociación BECAR decides documentarte, a fin de dar valor a la decisión final que se tome.

Expón algunas de las iniciativas que consultar y desarrolla cuál o cuáles son los principios que justifican su uso.

5. Resumen

Es necesario un cambio en el modelo productivo y de consumo, para lo que es necesario hacer una transición desde una economía lineal hacia modelos sostenibles y regenerativos que aborden las crisis ecológicas y sociales actuales. Hacer frente a ello hace necesario implantar paradigmas económicos innovadores, como es la citada economía circular, la economía del dónut y la economía regenerativa, modelos que ofrecen enfoques complementarios para reconciliar el desarrollo económico con la sostenibilidad ambiental y el bienestar social.

La economía circular se basa en los principios de:

Cada una de las propuestas de la economía circular busca mantener los recursos en uso durante el mayor tiempo posible. Es además necesario indicar los paradigmas dados por la denominada economía del dónut, en la que se propone un marco equilibrado donde se satisfagan las necesidades humanas dentro de los límites ecológicos del planeta y la economía regenerativa que va más allá, intentando restaurar y renovar los sistemas naturales dañados.

Como cimientos y estrategias para la implementación la economía circular, para minimizar los residuos y fomentar la reutilización de los materiales de manera efectiva, es necesario:

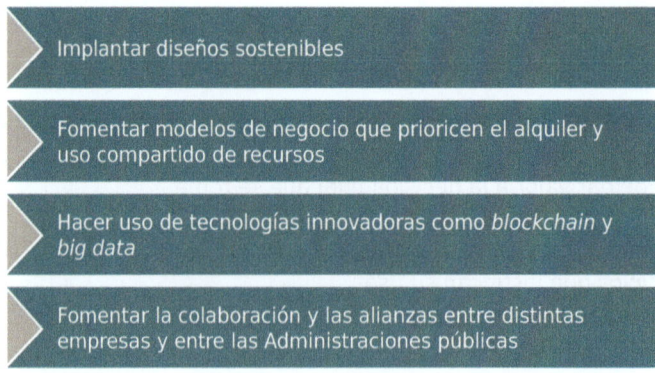

Toda iniciativa debe establecerse según un marco legislativo tanto a nivel europeo como a nivel estatal y autonómico. Son iniciativas ejemplarizantes el Plan de Acción para la Economía Circular o el *European Green Deal,* todo ello a fin de conseguir un futuro equitativo y próspero para todas las generaciones.

Ejercicios de autoevaluación
Unidad de Aprendizaje 2

1. La economía o modelo de producción lineal se caracteriza por la secuencia...

    a. ... hacer, tomar y desechar.
    b. ... tomar, hacer y desechar.
    c. ... desechar, hacer y tomar.
    d. ... hacer, desechar y tomar.

2. La economía circular se basa en la idea de diseñar productos y sistemas que mantengan los materiales en uso...

    a. ... según su volumen, lo que minimiza la huella de carbono y el uso de energías renovables.
    b. ... el mayor tiempo posible, disminuyendo así la necesidad de extracción de nuevos recursos y reduciendo la cantidad de residuos generados.
    c. ... el menor tiempo posible, disminuyendo su valor económico.
    d. Todas las opciones son correctas.

3. En la economía del dónut, el denominado círculo interior queda representado por elementos como:

    a. La vivienda
    b. La educación
    c. La salud
    d. Todas las opciones son correctas.

4. Se consideran premisas correctas para el diseño de productos y servicios:

    a. Apostar por un diseño modular.
    b. Hacer uso de materiales reciclables y no tóxicos.
    c. Proponer un proceso de elaboración o fabricación que mejore la eficiencia energética y minimice los residuos.
    d. Todas las opciones son correctas.

5. El plan *European Green Deal* indica como fecha límite para hacer que Europa sea climáticamente neutra...

    a. ... 2030.
    b. ... 2040.
    c. ... 2050.
    d. ... 2060.

Identificación de las tendencias y el impacto de la sostenibilidad en la actividad profesional

Contenido

1. Introducción
2. Implicaciones de la transición ecológica en el sector profesional
3. Tendencias e impactos de la sostenibilidad aplicados a la actividad profesional
4. Ejemplos de buenas prácticas de producción y consumo sostenible
5. Resumen

Objetivos

El objetivo general de esta Unidad de Aprendizaje es:

→ Presentar las tendencias e impacto de la actividad profesional frente a la transición ecológica.

Los objetivos específicos de esta Unidad de Aprendizaje son:

→ Describir los cambios estructurales y funcionales para contribuir con la transición ecológica.

→ Analizar las tendencias en base al impacto sobre la actividad profesional.

→ Enumerar prácticas implantadas por grandes empresas en torno al fomento de la transición ecológica.

1. Introducción

La transición ecológica es un asunto que ha ganado una relevancia significativa en las últimas décadas, especialmente en el sector profesional. Esto hace que sea más apremiante que nunca la necesidad de adoptar un enfoque más ecológico, que se implanten prácticas sostenibles que permitan luchar contra el cambio climático y la disminución de los recursos.

Es fundamental identificar las tendencias y el impacto de la sostenibilidad en la actividad profesional y tener presente cómo esa transición puede transformar sectores, incluso llegando a ofrecerse nuevas oportunidades y desafíos.

El sector profesional ve necesario, según las implicaciones de la transición ecológica, la adaptación a nuevas demandas, más sostenibles y estrictas, que permitan cumplir con las normativas actuales, así como con las expectativas del consumidor, pese a que en gran medida tales implantaciones provoquen cambios estructurales y funcionales en la actividad, cambios que se expondrán y explorarán con detalle.

Las empresas y profesionales están implementando estrategias efectivas para reducir su huella ambiental, apostando por la implantación de buenas prácticas en producción y consumo sostenible, prácticas que no solo deben ser viables económicamente, sino que también promueve modelos de negocio más responsables y éticos.

Para poder implementar estos cambios, y conseguir que sean efectivos y sustentables en la práctica profesional, continuaremos relatando los casos a los que se enfrentan los integrantes de la asociación BECAR.

2. Implicaciones de la transición ecológica en el sector profesional

 **HILO CONDUCTOR**

Desde la asociación BECAR también se llevan a cabo auditorías de empresas. En este caso, la empresa a la que prestamos nuestros servicios quiere asegurarse de que cumple con las normativas ambientales. A su vez solicitan la implanta-

Continúa en página siguiente >>

<< Viene de página anterior

ción de medidas para mitigar las emisiones de carbono actuales y conocer qué materiales son los más eficientes.

Para adaptarse a un enfoque más sostenible y afrontar la transición ecológica es necesario implantar una serie de cambios estructurales y funcionales dentro de las organizaciones y sectores profesionales. Esto conlleva la transformación de procesos, productos y servicios. Son normalmente cambios que permitan reducir el impacto ambiental y promuevan prácticas orientadas hacia la conservación de recursos.

La legislación juega un papel fundamental en el impulso de la transición ecológica.

Muchos de los cambios vienen promovidos por nuevas exigencias legislativas, la inclusión de nuevos desarrollos tecnológicos, los cambios en el modelo de negocio o incluso según la formación y capacitación profesional de los integrantes de la organización. Cada uno de estos factores se describe a continuación:

- **Adaptación a legislaciones y normativas ambientales.** Uno de los principales impulsos de la transición ecológica en el sector profesional es la necesidad de cumplir con normativas y legislaciones ambientales cada vez más estrictas. Los Gobiernos y órganos reguladores han implementado políticas que buscan mitigar el cambio climático y promover la sostenibilidad. Estas regulaciones pueden incluir límites de emisiones de carbono, restricciones en el uso de ciertos materiales y requisitos de eficiencia energética, entre otros.

Las empresas y profesionales deben estar al tanto de estas normativas y adaptar sus operaciones en consecuencia. Esto puede implicar inversiones en tecnologías más limpias, cambios en la cadena de suministro y la adopción de prácticas de gestión ambiental. El no cumplimiento de estas normativas puede resultar en sanciones económicas y daños a la reputación corporativa.

- **Innovación y desarrollo de nuevas tecnologías.** La transición ecológica también impulsa la innovación y el desarrollo de nuevas tecnologías que permiten a las empresas reducir su impacto ambiental. Estas innovaciones pueden abarcar desde tecnologías de energía renovable y materiales sostenibles hasta procesos de producción más eficientes y menos contaminantes.

  La adopción de estas nuevas tecnologías no solo ayuda a cumplir con las normativas ambientales, sino que también puede generar ventajas competitivas. Las empresas que invierten en innovación sostenible pueden diferenciarse en el mercado, abrir nuevas oportunidades de negocio y mejorar su relación con los consumidores, cada vez más exigentes en cuestiones de sostenibilidad.

- **Cambios en el modelo de negocio.** La transición ecológica puede también requerir de una transformación del modelo de negocio tradicional. Esto implica una redefinición de los productos y servicios ofrecidos, así como la forma en que se producen y distribuyen. Por ejemplo, muchas empresas están adoptando modelos de economía circular, donde se busca maximizar el uso de los recursos y minimizar los residuos.

  Este cambio de paradigma no solo tiene implicaciones operativas, sino que también puede afectar a la estrategia de negocio, la propuesta de valor y la relación con los participantes interesados de la organización, sean externos o internos.

  Las empresas deben ser capaces de comunicar de manera efectiva su compromiso con la sostenibilidad y demostrar cómo sus prácticas ecológicas pueden generar valor para todos los involucrados.

- **Formación y capacitación profesional.** Finalmente, la transición ecológica implica la necesidad de formación y capacitación continua para los profesionales. La adopción de prácticas sostenibles no solo requiere de cambios tecnológicos y operativos, sino también de un cambio en la mentalidad y las habilidades de los empleados.

  Las empresas deben invertir en programas de formación que permitan a sus empleados adquirir competencias en sostenibilidad, gestión ambiental y tecnologías limpias. Esta capacitación es esencial para asegurar que todos los niveles de la organización estén alineados con los objetivos de sostenibilidad y puedan contribuir de manera efectiva a su implementación.

3. Tendencias e impactos de la sostenibilidad aplicados a la actividad profesional

☞ **HILO CONDUCTOR**

La asociación BECAR ha emprendido un nuevo camino, en el que se apuesta por la oferta de productos reacondicionados. La gama de productos ofrecidos es amplia. No obstante, el estudio asociado al desarrollo de esta iniciativa ha permitido comprobar que son muy pocas las empresas que realmente diseñan sus productos según los principios de reutilización, reparación, reciclaje y regeneración.

- -

En la actualidad, la sostenibilidad no es solo una tendencia pasajera, sino una necesidad ineludible para cualquier sector profesional. Desde la producción manufacturera hasta los servicios financieros, todo ámbito de la economía está siendo influenciado por la creciente importancia de prácticas sostenibles, lo que hace que sea necesario analizar las tendencias más relevantes y mostrar los impactos que estas están teniendo en la actividad profesional. Destacan, entre otras, la integración de las energías renovables, el desarrollo innovador en productos y servicios sostenibles o la denominada responsabilidad social corporativa (RSC):

⮕ **Integración de energía renovable.** Una de las tendencias más pronunciadas es la integración de fuentes de energía renovable como la solar y la eólica en las operaciones diarias de las empresas. Las empresas están invirtiendo en infraestructuras que les permitan no solo reducir su huella de carbono, sino también disminuir costos a largo plazo. La generación de energía limpia asegura una mayor independencia energética y muestra un compromiso serio con la sostenibilidad.
El impacto de esta tendencia es significativo. Las empresas están viendo una reducción en sus costos operacionales y, al mismo tiempo, están respondiendo a las demandas de los consumidores y reguladores para una operación más ecológica. Además, el uso de energía renovable puede ser un punto de diferenciación en el mercado, pues mejora la imagen y reputación corporativa.

⮕ **Innovación en productos y servicios sostenibles.** Otra tendencia relevante es el creciente énfasis en la innovación de productos y servicios sostenibles. Esto va más allá de simplemente reducir el impacto ambiental de los productos. Implica una reingeniería completa de la cadena de valor para incorporar principios de sostenibilidad desde el diseño hasta el consumo final.

Por ejemplo, el diseño ecológico se ha convertido en una práctica común en diversas industrias. Los productos se diseñan desde el principio para ser más eficientes en el uso de recursos y energía, y para ser fácilmente reciclables o biodegradables al final de su vida útil. Esta tendencia tiene un impacto directo en la actividad profesional, ya que requiere la adquisición de nuevas habilidades y conocimientos en sostenibilidad y ecodiseño.

- **Economía circular.** La economía circular es un modelo que busca cerrar el ciclo de vida de los productos mediante la reutilización, reparación, reciclaje y regeneración. Este modelo contrasta con el tradicional modelo lineal de "usar y desechar". Empresas de diversos sectores están adoptando principios de economía circular para minimizar el desperdicio y maximizar el uso de los recursos.

  El impacto de la economía circular en la actividad profesional es profundo. Requiere de un cambio de mentalidad desde los niveles directivos hasta los operativos, y la implementación de nuevos procesos y tecnologías. También lleva a la creación de nuevos modelos de negocio, que se centran en el servicio y la reutilización en lugar de la venta de productos únicos.

- **Responsabilidad Social Corporativa (RSC).** La responsabilidad social corporativa (RSC) ha evolucionado para incluir un fuerte componente de sostenibilidad. Las empresas no solo son responsables ante sus accionistas, sino también ante sus empleados, clientes, comunidades y el medio ambiente. La adopción de estrategias de RSC sostenibles es ahora una expectativa más que una opción.

  El impacto en la actividad profesional incluye la necesidad de reportar y comunicar los esfuerzos de sostenibilidad de manera transparente y verificada. Las empresas recurren a estándares y certificados que aseguren la veracidad de sus prácticas sostenibles. También implica la implementación de políticas internas que promuevan la diversidad, inclusión y valores de sostenibilidad.

- **Sostenibilidad en la cadena de suministro.** Las empresas están extendiendo su compromiso con la sostenibilidad a lo largo de toda la cadena de suministro. Esto incluye la implantación de prácticas sostenibles en la selección de proveedores, la logística y la gestión de inventarios. La finalidad es asegurar que todos los eslabones de la cadena operen de manera ética y que sean responsables con el medio ambiente.

  El impacto en la actividad profesional se manifiesta en la necesidad de auditar y monitorear la cadena de suministro para cumplir con los estándares de sostenibilidad. Esto puede llevar a una mayor colaboración con proveedores y socios, y la búsqueda de alternativas más sostenibles en cada etapa del proceso productivo.

ACTIVIDAD COMPLEMENTARIA

2. Un concepto relacionado con la actividad empresarial es la huella de carbono, que se define como el rastro total de gases de efecto invernadero que se producen por la acción del ser humano. Por tanto, conocer este impacto en tu actividad empresarial es fundamental para poder fundamentar el desarrollo e implantación de medidas, con el objetivo de minimizarlo.

Lleva a cabo una búsqueda sobre los métodos o sistemas ideados para llevar a cabo su cálculo, a fin de afrontar medidas para reducir esa huella y contribuir así al fomento de la sostenibilidad ambiental.

4. Ejemplos de buenas prácticas de producción y consumo sostenible

 HILO CONDUCTOR

Dada la implicación de la asociación BECAR en la incorporación de nuevas metodologías de implantación para el desarrollo de una economía circular, se plantea la necesidad de una formación específica. Para ello, se va a contar con el CEO de Unilever, una empresa que ha conseguido reducir a la mitad el impacto ambiental de sus productos y mejorar la salud y bienestar de sus consumidores.

Para entender de forma detallada cómo se pueden implementar estas prácticas en el sector profesional, a continuación se enumeran algunos ejemplos de empresas que han adoptado medidas exitosas en términos de producción y consumo sostenible:

⊃ **Patagonia.** Es una empresa de ropa y equipo para actividades al aire libre que ha sido líder en prácticas sostenibles. La compañía utiliza materiales reciclados y orgánicos en sus productos, y ha desarrollado ropa con el objetivo de extender su vida útil. Además, Patagonia dona un porcentaje de sus ganancias a causas medioambientales y ha desplegado campañas para alentar a sus clientes a consumir de manera más consciente.

El impacto de estas prácticas ha sido significativo no solo en términos de reducción de su huella ambiental, sino también en la lealtad y satisfacción del cliente. La empresa ha logrado una fuerte reputación como líder en sostenibilidad, lo que le ha permitido diferenciarse en un mercado competitivo.

patagonia

➲ **Unilever.** Es una de las mayores empresas de bienes de consumo del mundo, ya que ha implementado su Plan de Vida Sostenible, que busca reducir a la mitad el impacto ambiental de sus productos y mejorar la salud y bienestar de sus consumidores. La estrategia incluye la reformulación de productos para reducir el uso de agua y energía, el aumento de los ingredientes sostenibles y la mejora de las condiciones laborales en su cadena de suministro.

El enfoque integral de Unilever no solo ha permitido mejorar su sostenibilidad, sino también ha generado beneficios económicos, al reducir costos y abrir nuevos mercados. La empresa ha demostrado que la sostenibilidad puede ser un motor de crecimiento y competitividad.

➲ **Tesla.** Ha revolucionado la industria automotriz con su enfoque en vehículos eléctricos y energía renovable. La compañía no solo ha logrado reducir las emisiones de carbono de los automóviles, sino que también ha promovido la energía solar a través de sus productos solares para el hogar y almacenamiento de energía.

El éxito de Tesla ha tenido un impacto en toda la industria automotriz, impulsando a otros fabricantes a invertir en tecnología de vehículos eléctricos y sostenibles. La empresa ha demostrado que es posible combinar innovación tecnológica con sostenibilidad, logrando una propuesta de valor atractiva tanto para consumidores como inversionistas.

○ **IKEA.** Es una empresa que ha adoptado principios de economía circular en su modelo de negocio. La compañía ha establecido objetivos claros para usar materiales reciclados y sostenibles en sus productos, reducir las emisiones de carbono, y promover la reutilización y reciclaje de muebles. IKEA ha implementado programas para recoger muebles usados y darles una segunda vida a través de reciclaje o reventa. Estas prácticas no solo benefician el medio ambiente, sino que también responden a una creciente demanda de los consumidores por opciones más sostenibles. La estrategia de IKEA ha ayudado a posicionar a la empresa como líder en sostenibilidad en el sector del mueble y la decoración.

○ **Starbucks.** Ha puesto en marcha varias iniciativas para promover la sostenibilidad en sus operaciones, desde el uso de materiales reciclables y compostables en sus empaques hasta la implementación de prácticas agrícolas sostenibles para el cultivo de café. La empresa también ha lanzado programas para reducir el consumo de agua y energía en sus tiendas, y para apoyar a las comunidades productoras de café a través de proyectos sociales y ambientales.

Estas prácticas han permitido a Starbucks reducir su impacto ambiental y mejorar las condiciones de vida de los trabajadores en su cadena de suministro. La empresa también ha podido fortalecer su relación con los clientes que valoran la sostenibilidad, lo cual ha generado una mayor lealtad y satisfacción.

➲ **Nike.** Ha realizado esfuerzos significativos en términos de sostenibilidad, especialmente a través de su programa *Move to Zero,* cuyo objetivo es reducir las emisiones de carbono y los residuos a cero. La empresa ha implementado prácticas como el uso de materiales reciclados en sus productos, la reducción del consumo de agua y energía en sus fábricas, y el diseño de productos más duraderos.

El compromiso de Nike con la sostenibilidad ha tenido un impacto positivo tanto en su reputación como en su rendimiento financiero. Las prácticas sostenibles han permitido a la empresa reducir costos operacionales y atraer a consumidores más conscientes con el medio ambiente.

 TAREA 3

Industrias SIMA se enfrenta a la transformación de su empresa a fin de contribuir con la reducción de gases de efecto invernadero y la economía circular, con la idea de reducir la huella de carbono, propiciar la innovación de los productos generados y apostar por el ecodiseño y la reutilización.

Como integrante de la asociación BECAR y responsable de llevar a cabo este proceso, indica qué premisas debes tener presentes para su evaluación.

Justifica tu respuesta.

5. Resumen

La transición ecológica es una realidad que está transformando el panorama profesional en todos los sectores. A través de la adopción de prácticas sostenibles, las empresas están no solo cumpliendo con normativas y expectativas reguladoras, sino también innovando y abriendo nuevas oportunidades de negocio.

Las implicaciones de la transición ecológica en el sector profesional son evidentes, incluyendo:

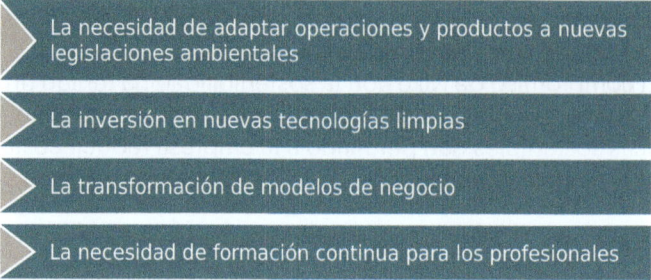

La necesidad de adaptar operaciones y productos a nuevas legislaciones ambientales

La inversión en nuevas tecnologías limpias

La transformación de modelos de negocio

La necesidad de formación continua para los profesionales

Estas implicaciones no solo permiten a las empresas cumplir con las normativas, sino también diferenciarse en un mercado cada vez más competitivo y exigente en términos de sostenibilidad.

La transición de las empresas ante las necesidades de adaptación frente a la transición ecológica hace que se destaque la integración de energía renovable, la innovación en productos y servicios sostenibles, la adopción de modelos de economía circular, el refuerzo de la responsabilidad social corporativa y la sostenibilidad en la cadena de suministro.

Cada una de estas tendencias se manifiesta en:

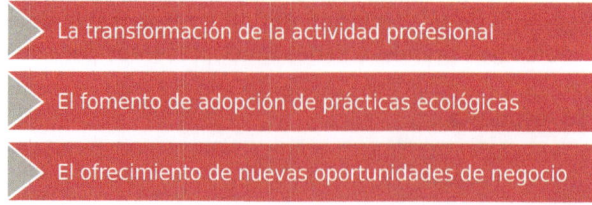

La transformación de la actividad profesional

El fomento de adopción de prácticas ecológicas

El ofrecimiento de nuevas oportunidades de negocio

Todo ello evidencia que la sostenibilidad está remodelando la forma en que las empresas operan y los profesionales desarrollan sus actividades. Ten presente que adoptar prácticas sostenibles no solo es crucial para la conservación del medio ambiente, sino que también representa una oportunidad para innovar, reducir costos y mejorar la relación con los consumidores.

Ejercicios de autoevaluación
Unidad de Aprendizaje 3

1. Las estrategias efectivas para reducir la huella ambiental de empresas y profesionales deben...

    a. ... ser viables económicamente.
    b. ... promover modelos de negocio responsables y éticos.
    c. ... contemplar las exigencias normativas, así como satisfacer las expectativas del consumidor.
    d. Todas las opciones son correctas.

2. Para afrontar la transición ecológica una empresa puede sufrir transformación en...

    a. ... sus procesos.
    b. ... sus productos.
    c. ... sus servicios.
    d. Todas las opciones con correctas.

3. Indica si las siguientes afirmaciones son verdaderas o falsas:

    a. La legislación juega un papel fundamental en torno al impulso de la transición ecológica.

        ■ Verdadero
        ■ Falso

    b. La adaptación hacia una transición ecológica no debe implicar inversión en tecnologías limpias, sino cambios en la cadena de suministro.

        ■ Verdadero
        ■ Falso

4. La integración de energías renovables en la actividad profesional...

    a. ... aumenta la huella de carbono.
    b. ... incrementa costos a largo plazo.

    c. ... asegura el uso de una energía limpia y aumenta la independencia energética.

    d. ... merma la imagen y la reputación corporativa de la empresa frente al consumidor.

5. **Identifica cuál o cuáles de las siguientes iniciativas deben perseguirse en torno a las buenas prácticas de producción y consumo sostenible.**

    a. Utilización de materiales reciclados y orgánicos en sus productos.

    b. Donación de ganancias a causas medioambientales.

    c. Reformulación de productos para reducir el uso de agua y energía.

    d. Todas las opciones son correctas.

Glosario

Aerosol
Suspensión de partículas diminutas de sólidos o líquidos en el aire u otro gas.

Big data
Conjunto de datos de mayor tamaño y más complejos, especialmente procedentes de nuevas fuentes de datos.

Biodiversidad
Variedad de especies animales y vegetales en su medio ambiente.

Blockchain
Estrategias de seguimiento de cadena de bloques.

Brainstorming
Técnica de pensamiento creativo para aportar nuevas ideas y resolver problemas.

Combustible fósil
Productos como el petróleo, el carbón y el gas natural.

Ecodiseño
Práctica que busca reducir el impacto ambiental de los productos a lo largo de su ciclo de vida, desde su diseño hasta su eliminación.

Ecosistema
Sistema ecológico constituido por un medio y los seres vivos que habitan en él, así como por sus relaciones mutuas.

Efecto invernadero
Proceso por el que el calor queda atrapado cerca de la superficie de la tierra por los gases de efecto invernadero.

Eutrofización

Incremento de sustancias nutritivas en aguas dulces de lagos y embalses, lo que provoca un exceso de fitoplancton.

Huella de carbono

Indicador ambiental que refleja la totalidad de gases de efecto invernadero emitidos por efecto directo o indirecto de un individuo, evento, producto u organización.

IoT

Siglas de *Internet of Things,* internet de las cosas. Es una tecnología que permite la comunicación entre los dispositivos y la nube, así como entre los propios dispositivos que dispongan de estas características.

Polución

Contaminación intensa y dañina del agua o del aire, producida por los residuos de procesos industriales o biológicos.

Servitización

Estrategia de índole empresarial basada en ofrecer servicios vinculados a un producto.

Simposio

Conferencia o reunión en la que se examina y se discute sobre determinado asunto.

Sostenible

En ecología y economía indica que se puede mantener durante largo tiempo sin agotar los recursos o causar grave daña al medio ambiente.

Bibliografía

Monografías

→ VV. AA.: *La economía del dónut: siete formas de pensar como un economista para el siglo XXI.* Vermont: Chelsea Green Publishing, 2018.

> Documento en el que se desarrolla la teoría económica del donut, desarrollada por Kate Raworth.

→ VV. AA.: *Normativa y política interna de gestión ambiental de la organización.* Antequera: IC Editorial, 2023.

> Contenido en el que se presenta desde el marco legislativo ambiental hasta el control de documentos y registros de los sistemas de gestión, técnicas de archivo, herramientas informáticas de gestión, etc.

→ VV. AA.: *Plan de Acción para la Implementación de la Agenda 2030. Hacia una Estrategia Española de Desarrollo Sostenible.* Madrid: Ministerio de Asuntos Exteriores, Unión Europea y Cooperación, 2019.

> Documento en el que se desarrolla el plan de acción denominado Agenda 2030. Se muestra cuál debe ser el compromiso de la ciudadanía, de los actores y de las distintas Administraciones públicas para el cumplimiento de su descripción. Indica cuáles son los objetivos de desarrollo sostenibles en España, las medidas transformadoras que imponer, etc.

Textos electrónicos, bases de datos y programas informáticos

→ Consejo Europeo. Pacto Verde Europeo, de:
<https://www.consilium.europa.eu/es/policies/green-deal/>.

> Publicación en la que se define y presenta de forma cronológica el denominado Pacto Verde Europeo, incluyendo sus iniciativas y la legislación europea sobre la que se redacta. A su vez, encontrarás otras descripciones como la referida a la estrategia de la UE sobre la biodiversidad de aquí a 2030.

→ Ministerio para la Transición Ecológica y el Reto Demográfica, de: <https://www.miteco.gob.es/es.html>.

> Página del Ministerio para la Transición Ecológica y el Reto Demográfico en la que se incluye la descripción del Pacto Verde Europeo, su desarrollo y la financiación europea, con especial referencia al Mecanismo de Recuperación y Resiliencia.

→ The Circular lab. Economía regenerativa: un nuevo modelo económico, de: <https://www.thecircularlab.com/economia-regenerativa/>.

> Publicación de TheCircularLab en la que se muestran los fundamentos de la economía circular o regenerativa.

Legislación y normativa

→ Ley 7/2022, de 8 de abril, de residuos y suelos contaminados para una economía circular.

→ Resolución de 19 de enero de 2021, de la Secretaría de Estado para la Agenda 2030, por la que se publica el Acuerdo de la Conferencia Sectorial para la Agenda 2030, por la que se aprueba su Reglamento de Organización y Funcionamiento.